AF198022

HUUB OOSTERHUIS

du
nur du
immer du

HUUB OOSTERHUIS

du
nur du
immer du

GEBETE

Herausgegeben von Cornelis Kok

Patmos Verlag

VERLAGSGRUPPE PATMOS

PATMOS
ESCHBACH
GRÜNEWALD
THORBECKE
SCHWABEN
VER SACRUM

Die Verlagsgruppe
mit Sinn für das Leben

Die Verlagsgruppe Patmos ist sich ihrer Verantwortung gegenüber
unserer Umwelt bewusst. Wir folgen dem Prinzip der Nachhaltigkeit
und streben den Einklang von wirtschaftlicher Entwicklung, sozialer
Sicherheit und Erhaltung unserer natürlichen Lebensgrundlagen an.
Näheres zur Nachhaltigkeitsstrategie der Verlagsgruppe Patmos auf
unserer Website www.verlagsgruppe-patmos.de/nachhaltig-gut-leben

4. Auflage 2023
Alle Rechte vorbehalten
© 2020 Patmos Verlag
Verlagsgruppe Patmos in der Schwabenverlag AG, Ostfildern
www.verlagsgruppe-patmos.de

Umschlaggestaltung: Finken & Bumiller, Stuttgart
Umschlagabbildung: © Bowonpat Sakaew / shutterstock.com
Gestaltung, Satz und Repro: Schwabenverlag AG, Ostfildern
Druck: GGP Media GmbH, Pößneck
Hergestellt in Deutschland
ISBN 978-3-8436-1203-6

INHALT

GEBETE

Du, der das sprachlose Beten hört
hinter den Worten, die wir zu dir rufen –
du, der die Menschen sieht, so wie kein Mensch.

Wer bist du
wann begonnen –
wer hat dich
als Erster gesagt?

Kleines flüchtiges leeres
gefluchtes Wort

»Gott«

weck deine Kraft,
steh auf, jetzt
lebendig –

Name.

Mein Gott,
ich weiß nicht, wer du bist,
aber ich weiß, du bist kein Gott
nach Menschenart.

Undenkbar, bildlos du. Nicht-du,
wie du und ich als Mensch und Mensch,
doch ich und du.

Gesegnet du, der für mich nicht
als Wesen zu durchschauen ist,
ich wohl für dich.

Der so ist, dass kein Name passt
und alles Licht ein ferner Schein,
Gold, Flittergold.

Und alles nichts. Ein Stammeln nur
von Stummheit ist in meinem Mund,
wenn ich dich sing.

Nichts oder alles – jetzt sind wir
ewig untrennbar, du in mir
und ich in dir.

Undenkbar
erste Liebe ist dein Name.

Lange weit weg von dir
war ich mir selbst ein Fremder.
Ich will dich sehen,
verstehen deine Stimme.

Undenkbar
Gott von Menschen
ist dein Name.

Die Stimme,
die mich ruft:
»Wer bist du«
ist dein Name.
Die Stimme,
die mich ruft:
»Hier bin ich«,
ist dein Name.

Undenkbar
Erster Letzter
ist dein Name.

Genesis 3,8

Wenn es dich gibt,
dann wirk in uns.
Erneure unser Herz, unsern Verstand,
dass wir empfänglich werden
für deinen Namen.

Der uns erschienen ist
in Menschenworten, verständlich,
schweig nicht in allen Sprachen,
verbirg dein Angesicht nicht.

Du, der über Menschen hinaus
genannt wird: »Gott«
gerufen: »Du« –
gesegnet für deinen Namen

»Ich-werde-dasein«.

Exodus 3,13–14

Alles entgrenzende,
alles durchdringende Weite,
Freiheit schaffende Freiheit.
Unmöglicher Beginn,
neuer Anfang, hier und jetzt.

Waghalsig denk ich dich,
armselig ruft mein Verstand dich,
Ursprung meines Gewissens,
undurchdringbare Nacht,
nicht hier, wüst und leer bist du.

Schweigender. Fußstapfen
neben mir, Schatten von Schultern,
Augen suchende Augen.
Unmaskierter Freund,
wie erscheinst du mir jetzt!

Exodus 33,11–17

Du
Freund Gott
erbarmend
gnädig
langmütig
reich an Liebe
reich an Treue –
Liebe bewahrend
bis ins tausendste Geschlecht.

Exodus 34,6

Du, der deinen Namen
ausgerufen hat in unser Gesicht

geh mit in unsrer Mitte

nachts in einer Feuersäule
uns zu erleuchten

tags in einer hochragenden Wolke
uns auf den Weg zu führen

halte uns am Gehen
bis zu dem Land

wo du bist
alles in allen

Liebe, stark wie der Tod.

Exodus 34,6–7

Du bist die Luft um mich her,
ich atme dich ein, sonst sterbe ich,
ich werf dich um wie einen Mantel,
und ich weiß: Du trägst dich nie ab.

Gesehn von jeher, immer noch.
Als ich noch nicht geboren war,
war schon mein tiefstes Angesicht
in dir geprägt.

Dir gegenüber stand ich
in deinem Gedächtnis, lebensgroß –
mit abgewandtem Blick, bis ich
wagte zu schaun.

Finsternis mag die Flügel ausbreiten,
weit wie sie will, auch nicht
ein Schimmer von mir wird für dich
verloren gehn.

Überall in mir bist du du,
in mir empfangen als ein Kind –
ein Meer vor Zeiten, voller Licht,
bist du in mir.

Windstille bist du, Bö von Wind.
Ein Schmerz, der die Gedanken schärft.
Das Wort, das in mir kniet, der Name,
der mich nährt.

Psalm 139,11

Jemand bist du
außer mir,
in mir,
mir gegenüber.

Ich will dich kennen.
Ich will gekannt sein.

Sei nicht unerbittlich,
sei nicht dir selbst genug.

Blende mich nicht,
sei Licht.
Kleide mich an,
schone mich.

Such mich mit Geduld.
Prüf mich, sieh mich.
Kenn mich.
Sieh mich an.

Der mich umwirbt,
den ich mir ferne hielt,
solang es ging.

Der mich nicht zerrte,
nicht drängte, nur winkte
über deine Schwelle.

Der den Schleier meiner Angst
nicht fortriss, nur anhob.

Dessen Stimme allein
mich so berührte,
dass ich nachgab.

War von Gerüchten über dich gelähmt.
Jetzt ohne Ängste,
endlich erwarte ich dich.

Du, der erstem Augenschein nicht glaubt,
der nicht mit Geld und Opfern zu bestechen ist
und der sich nicht mit Liedern täuschen lässt,
doch der uns sieht, so wie wir sind,

der uns gebietet und fleht, ihm gleich zu sein,
sein Ebenbild, sein Kind und seine rechte Hand,
die tut, was getan werden muss,
der uns gebietet und fleht, dass wir
den Fremden geben Brot und Kleidung,

der hofft, dass wir mit unverhülltem Antlitz
sein Licht widerstrahlen,
der uns zu einem Spiegel schleift,
in dem seine Zukunft sichtbar wird.

Du, der uns schon gesucht,
als wir nicht nach dir suchten,
der noch täglich den Widerwillen unterdrückt,
zähmt seine Wut, den Stolz ablegt,
sein Herz tief zum Erbarmen biegt,
sich umkehrt auf uns zu.
Du, der uns mit den Augen fängt,
Du, der uns fragt:
Wer bist du? Willst du? Dann komm.

Reiß auf die Wolken und komm.
Hier, jetzt, sei unser Gott – wer sonst?

Niemand sonst hat uns gesucht,
niemand sonst uns so gerufen,
wie ein Verliebter: Das ist mein Leib,
öffne mich, iss mich, hier ist mein Herz,
trink meine Seele, hier bin ich, hier bin ich.

Wie ein Verlorener hast du gerufen,
und unser Herz kehrte um und hörte.
Wo bist du jetzt? Wo deine Leidenschaft?
Bist du nicht mehr der Eine von damals?

Viel zu spät hab ich dich lieb gewonnen.
Schönheit, du bist so alt, du bist so neu.
Viel zu spät hab ich dich lieb gewonnen.

In mir drinnen warst du, ich war draußen,
und ich suchte dich, sehende Blinder,
außer mir. Wie Wasser ausgeschüttet,
lief ich weg von dir und ging verloren
unter so viel Schönheit, die nicht du ist.

Dann hast du gerufen und geschrien,
meine Taubheit hast du aufgebrochen.
Augenblendend bist du aufgetaucht,
meine Blindheit in die Flucht zu jagen.
Duftend kamst du, und ich holte Atem,
noch ring ich nach Atem und nach dir.

Seit ich dich gekostet habe, dürste,
hungre ich nach dir. Mich, leicht erregbar,
hast du angezündet. Und nun brenn ich
lichterloh auf dich hin, deinen Frieden.

Nach Augustinus, Bekenntnisse *(X,27)*

So wie ein Hirsch dürstet
nach lebendem Wasser,
dürst ich nach Gott,
dem lebenden Gott.

Ich bin tief betrübt, ich denke an dich,
all deine Fluten umbranden mich,
Wogen schlagen über mich hin.

Lebender Gott, hast du mich vergessen,
warum lauf ich so schäbig herum,
gequält und erniedrigt?

Mutlos bin ich, widerspenstig,
werde doch auf dich warten.
Du bist mein letzter Ausweg,
du bist mein Gott.

Psalm 42

Zu dir, Lebendiger,
steigt meine Seele.
Dir vertraue ich:
dass du bist.
Dich verlange ich
einst zu sehen.
Durch die Nacht hin
sehen deine Augen
mich.

Von meinem Elend
wend dich nicht ab.
Mein Vertrauen,
beschäme es nicht.
Auf dich warte ich
lebenslang.
Jeden Tag neu
suchen meine Augen
dich.

Lass dich nun finden, Liebe.
Wend dich nicht ab.

Psalm 25

Zu dir steigt meine Seele.
Lenk mich. Heb mich hoch.

Ich sehne mich nach dir.
Du beschämst mich nicht.

Weck deine Kraft in mir,
dass ich mich befreie;

dass ich nicht entsetzt
(so viel Böses vor Augen)

flüchte, abgrundtief,
fliehe in den Traum.

»Es sei Licht«, sprichst du,
»es sei dieser Tag.«

Halte dein Wort jetzt.
Sprich. Damit ich lebe.

Du, Lebender, Erster und Letzter
Mutter Vater Gott, unsagbar
über unsre Worte hinaus.

Ich träumte dich von Jugend an,
mein Vater, der mich trägt und kennt.

Ich war noch nicht in Schmerz geborn,
hieltst du die Hände schon um mich.

Wo bist du, da ich, alt und grau,
nicht weiß, wie ich mich halten soll.

Dies hab ich über dich gedacht:
So wie ein Mann sein Kind aufhebt,
auf seinen Schultern hält und singt
und weiß, dass es untröstlich ist,

so trägst du mich und singst mir zu,
stimmst meine Seele ein auf Glück

und lässt mich fallen in den Tod –
wie soll ich wissen, wer du bist?

Der mich gezogen aus dem Schoß,
mich Mensch gemacht hat, ein und einzig,
mir gab das erste Augenlicht.

Der mich auf Füße hat gestellt,
mich wissen ließ, ich konnte gehen
und würde kommen, wo du bist.

Der, wenn ich niedersitz am Rand
des Wegs und Umwegs, müde, durstig,
mit seinem Namen Schatten wirft.

Der, als ich niederlag im Staub,
sein Dunkel um mich hat gewoben,
auf dass kein Tier mich dann verschlang.

Der ungesehn mich zu sich zieht.
Dir werd ich ungesehn vertrauen.
Du, überlass mich nicht mir selbst.

Du stelltest mich dir vor:
der Mensch, der ich sein werde,
wenn ich dein Wort vollbringe.

Du hast mich gekehrt
von dir ab,
nach jener Zukunft hin.
Deine Stimme in meinem Rücken:
»Ich werde mit dir da sein.«

Und ich ging –
du legtest einen Pfad für meine Füße.

Und ich wurde zum Ich,
der dies denkt,
der dies sagt.

Und du, ohne dich umzusehen,
ohne Vorbehalt,
wurdest mein Vater.

Vater unser im Himmel
dein Name geheiligt,
dein Reich im Kommen,
dein Wille geschehend,
so möge es sein
auf Erden so wie im Himmel.

Gib uns Brot der Gnade,
morgen, heute noch.
Trag unsre Schuld ab.
Lehr uns vergeben.
Mache uns Mut,
geh du mit uns
auf dem Weg des Lebens.

Vater unser im Verborgenen,
dein Name werde erkannt und vollbracht,
dein Reich des Friedens soll gegründet werden,
dein Wille geschehe: Himmel auf Erden.

Gib uns Brot, heute und morgen.
Erlasse unsre Schulden, so wie wir
einem anderen die Schuld erlassen.

Und erprobe uns nicht über unsre Kraft,
und befrei uns aus der Macht des Unrechts.

Vater unser, verborgen,
dein Name sei sichtbar in uns,
dein Königreich komme auf Erden,
eine Welt nach deinem Willen
mit Bäumen bis in den Himmel,
wo Wasser, Schönheit und Brot,
Gerechtigkeit ist und Gnade.

Wo Frieden endlich errungen,
wo Trost und Vergebung ist
und Menschen sprechen als Menschen,
wo Kinder hellwach und jung sind,
Tiere nicht länger gepeinigt,
nie *ein* Mensch mehr gemartert,
nicht *ein* Mensch mehr geknechtet.

Lösch die Hölle in uns,
leg dein Wort uns ans Herz,
brich die eisernen Mächte,
brich das Böse entzwei.

Von dir ist die Zukunft,
komme, was kommt.

Dort im Himmel, unser Vater,
einem Himmel, der so hoch ist –
warum bist du nicht auf Erden,
hier jetzt, Gott in Menschen, Frieden.

Bist du Gott und nicht imstande,
Mord und Totschlag zu verhindern?
Warum gibst du uns die Freiheit,
andern Leiden zu bereiten?

Reiß auf die Wolken. Komm befreien.

Senke Kraft in unsre Hände,
deinen Geist in unsre Herzen,
dass wir lieben lernen können
unsre Nächsten, Freund und Fremden.

Dass wir Mittel finden können
gegen unerträglich Leiden.
Dass die Großen dieser Erde
sich bekehren zu den Armen.

Dass wir uns Gesetze geben,
um den Hunger zu verbannen,
dass wir goldne Pläne schmieden,
alles Leiden zu beenden.

Reiß auf die Wolken. Komm befreien.

Mir geschehe dein Wort,
Brot, Gnade, Tröstung.

Es komme dein Reich,
Augenblicke des Friedens.

Unglück, das mich erprobt,
übersteig nicht meine Kraft.

Kraft, die in mir ist,
Seele in mir, halte durch.

Liebe,
mach sanft mein Herz.

Wie eine Mutter sorgt
für Kinder, die ihr anvertraut,
und einsteht, dass sie leben:
So wirkt ein Gott der Liebe, keine Stund
verlässt er uns.
Nicht mehr verstummt das Wort,
das er uns hat gegeben.

Es nimmt uns bei der Hand,
das Wort, geduldig führt es uns
aus Angstland weg zur Freiheit.
So trocken, heiß, so unbegehbar schräg –
so hoch der Weg –
zwing mich nicht, ihn zu gehen,
wenn du nicht selbst mir nah bleibst.

Ein Wasserfall von Licht,
von Freude und bewährter Hoffnung,
Einsicht und Vertrauen:
So kommst du über Menschen, und dein Wort
treibt mich nun fort.
Noch weiß ich nichts von dir,
einst werde ich dich schauen.

Du hast uns schon
im Mutterschoß gekannt.
Sieh uns in dieser Welt,
gib einen Weg.

»Die Menschen sterben,
und sie sind nicht glücklich.«

Sieh uns in dieser Welt,
gib einen Weg.

Ein Schoß des Erbarmens ist unser Gott,
er hat uns gesucht und gesehn,
wie die aufgehende Sonne am Himmel.

Er ist uns erschienen,
als wir in Finsternis waren
im Schatten des Todes.

Er wird unsre Füße lenken
auf die Wege des Friedens.

Lukas 2,78-79

Weck meine Zartheit auf.
Gib mir zurück
die Augen eines Kindes.

Dass ich sehe, was ist,
und mich anvertrau
und das Licht nicht hasse.

Du.

Nicht weiser als andre,
nicht mehr als ein Mensch will ich sein,
überheb mich nicht über die Nächsten,

träume keine hochfliegenden Träume,
ich hab meine Bestimmung erkannt,
meine Seele ist zur Ruh gekommen,

ein Kind, das getrunken hat
und ruht an der Brust seiner Mutter,
so ist meine Seele in mir.

Ich warte auf dich, ich warte
von nun an bis in Ewigkeit,
weil dein Name lautet

Ich-werde-dasein.

Psalm 131

Der mich trug
auf Adlers Flügeln

der mich hat geworfen
in die Weite
und als ich kreischend fiel
mich aufgefangen
mit den Schwingen
und wieder hoch mich warf –

bis dass ich fliegen konnte
aus eigner Kraft.

Behüte meinen Weg.
Richte mich,
dass ich nicht strande.

Dass ich mich nicht füge
in den Kreislauf des Schicksals,

dass ich nicht, völlig ratlos,
mich der Verzweiflung überlasse,
mich ergebe ins Böse,
mich der Ungerechtigkeit füge
und nicht mehr hören will
vom Neubeginn.

Lass mich Ausschau halten
nach deiner Zukunft –
der neuen Erde.

Erinnere mich daran,
was du gewollt hast.

Ruf mich, heute noch.
Weis mich zurecht.

Führe mich zurück
in die Oase deines Wortes.
Hol mich heraus
aus dem Land von Fluch und Schicksal.

Werde in mir
Wachsamkeit,
Geduld, Gedächtnis,
Vernunft, Treue.

Mach mich, nach deinem Bild,
zu einem Zukunfts-Menschen.

Ewiger,
lehre mich die Sprache,
worin ich dich verstehe.

Führe mich zurück
in die Oase deines Wortes.

Sei gut in mir.
Befreie in mir
Kraft zur Liebe,
Aufmerksamkeit.

Sei neu und feurig,
alt und weise in mir.

Sei in mir
Abscheu vor Gewalt,
Hunger nach Gerechtigkeit,
Hoffnung, Erbarmen,
Durst nach Frieden.

Dass ich dich nicht missbrauche.
Dass ich dich nicht verleugne.
Dass ich dich nicht verspiele.

Du hast einen Plan, halt mich fest.
Ich weiß nicht wohin, ich will
keinen Himmel, ich will die Erde.
Ich will, dass mein Herz daran festhält
und dass du mein Fels bist auf ewig.

Weit weg von dir – das ist kein Leben.
Nah bei dir geht es mir gut.

Aus Psalm 73, frei

Du, der sieht
das Elend der Elenden.
Der hört ihr Klagen und Schreien.
Der zählt und aufzeichnet ihre Tränen.
Der schreibt ihre Namen in seine Hände.

Du schweigst so tief in allen Sprachen,
dass es sich anfühlt, als ob es dich nicht gibt.

Doch beten wir

mit all deinen »kleinsten Menschen«,
allen, die nicht geachtet,
unwichtig gefunden, erniedrigt;
mit Angeschlagenen, Verletzten, Missgestalteten,
mit obdachlosen Streunern,
mit großen und kleinen Süchtigen,
mit allen Betrübten, Einsamen

beten wir

um Trost, um erste Hilfe, um Ausweg.

Wende dich hin zu uns.
Wende uns einander zu.

Hör mich, sei nicht Totenstille.
Gib mir Antwort, wenn ich rufe.

Aus dem Abgrund hör mich rufen:
Gib mir Raum, weit wie der Himmel.

Mensch, wie lang noch hältst du fest an
Schein und Schicksal? Komm zur Einkehr.

Er gibt Antwort, wenn du rufst.
Er schenkt Raum, weit wie der Himmel.

Also hör mich. Komm zum Vorschein.
Nicht um Kleinigkeiten ruf ich.

Um die neue Erde schrei ich
so wie eine Frau in Wehen.

Werd ich wohl je sicher wohnen,
ruhig schlafen, friedlich träumen?

Ja, das werde ich – gib mir Antwort.
Hör mich. Sei nicht Totenstille.

Psalm 4

Du, der gesagt hast:
Tröste dich, mein Volk –
für die, die einsam
zu Boden gehen,
gibt es keinen Trost,
kein Wort, das rettet.

Bist du der Freund,
der sie hochhebt?

Für die,
die nichts mehr haben
als Unglück, Menschen,
die den Tod herbeisehnen,
hast du nur Worte.

Wo bist du selbst?

Jesaja 40,1

Unsere Hilfe im Namen,
der Himmel und Erden gemacht hat.

Der treu bleibt bis in Ewigkeit
und nie fahren lässt das Werk seiner Hände.

Wend deine Augen zu uns,
komm, eil uns zur Hilfe.
Sieh uns in dieser Stunde,
komm, eil uns zur Hilfe.

Du, der gesagt hat,
dass du nie fahren lässt
das Werk deiner Hände –
beschäm uns doch nicht.

Du, der die Erniedrigten sieht,
kennt die Betrübten vom Sehen,

du wirst nicht verstoßen
die Liebe deiner Jugend.

Du, der geschworen hat,
dass du niemals mehr
vertilgen wirst die Erde.

Und weichen auch Felsen
und wanken die Berge,
du weichst nicht von uns.

Jesaja 54,6–10

Hör alle, die nach Frieden rufen
als nach einem unmöglichen Glück.

Hör das Blut,
das ruft aus der Erde,
es sei umsonst vergossen.

Hör die Sprachlosen,
mundtot Gemachten, Gemarterten,
– wo nicht auf der Welt.

Und die Toten,
zerfallen in der Erde,
zerstreut in den Wind,
auf immer unauffindbar,
und alle, die weggegangen
ohne Gruß.

Was hat mit ihnen getan:
du, der nie fahren lässt
das Werk seiner Hände?

Sieh uns: Welt voller Gewalt,
Fronten, Gettos,
sieh uns: geschundene Erde.

Sieh, wie das Recht des Stärkeren regiert,
die Erde wankt.

Du, der die Armen kennt mit Namen,
Gott der Armen.

Send uns deinen Engel,
deinen armen, gekreuzigten Lebenden,
Jesus, deinen Gewährsmann.
Mach uns zu seiner Gemeinde.

Bei allem, was geschieht,
schreckenerregend, menschenunwürdig,
öffne unser Herz und unseren Verstand
für das, was auch geschieht:
Gerechtigkeit, die vollbracht wird,
Menschen, die sich einsetzen
und durchhalten bis zum Ende.
Dass unsre Augen sich öffnen
für die Blitze einer neuen Welt.

Dass wir uns nicht einschüchtern lassen
durch die, die die Macht haben,
wohl jetzt noch, doch einst nicht mehr –
dass wir erfinderisch
die kleinsten Chancen zu nützen lernen,
Frieden zu stiften und Recht zu tun,

dass wir den Mut nicht verlieren,
dass wir der Stimme nicht misstrauen,
die in uns spricht von Frieden,

dass wir im Wort uns aufrechthalten,
dass nichts unmöglich ist
bei Gott Ich-werde-dasein.

Gesegnet du
für die Kenntnis und die Ausdauer,
mit denen gestritten wird gegen den Tod
in Krankenhäusern, an unbekannten Orten.

Gesegnet du für die Liebe,
womit Sterbende und unheilbar Kranke
umringt werden –
gesegnet du
für all das Gute, das getan wird.

Gesegnet du
für deine Stadt des Friedens,
uns zugesagt –
»und der Tod wird nicht mehr sein«.

Dass unsere Tage nicht grau und lustlos sind,
dass auch unsere schwersten Tage
nicht versinken in Verzweiflung.
Komm über uns mit deinem Geist.

Komm, Geist von Gott Ich-werde-dasein.
Atem vom ersten Anfang.
Antrieb zu einer neuen Welt.
Mach mild unser Herz.

Mach weit auf unseren Verstand.
Erfreu uns, feure uns an,
dass wir erblühen in Jugend,
so jung und alt, wie wir sind.

Aller Hoffnung geht zu dir.
Alle Lebenden bitten dich um Nahrung.

Nimmst du ihnen den Atem weg,
so sterben sie
und fallen zurück in den Staub.

Sendest du deinen Geist,
sie werden neu erschaffen.
Du erneuerst der Erde Angesicht.

Psalm 104,27–30

Im Anfang das Wort,
Berufung, Auftrag und Segen.
Im Anfang das Licht –
Licht, erbarm dich, Wort sei gnädig,
komm zu befreien.

Ehre sei dir
dort in der Höhe,
hier in unsrer Mitte.
Es komme Frieden auf Erden.
Es treffe dein Wort bei uns ein.

Gesegnet du
für das Wort »Frieden«, das es noch gibt
in unserer Sprache, in unserer Seele,
in dieser Welt von Krieg überall.

Du, der im Anfang
gerufen hat:
»Licht«,
und die Finsternis floh.
»Tag«,
und die Nacht schrumpfte zusammen.
»Menschen«,
und aus dem Undenkbaren
wurden wir Menschen.

Du, der Sinn gegeben hat
unserem Dasein,
du, der unser Herz
erwärmt hat.

Gründe aufs Neue
dies Haus voller Menschen –
diese Erde.

Zum Frieden gereiche uns
dein Name:
»Ich werde da sein.«

Mach neu unser Herz,
erhelle unseren Verstand,
dass wir einander halten und beleben.

Mach uns zu deiner Gemeinde.
Sei die Stimme,
die unser Gewissen weckt.
Verbirg dich nicht.

Du wartest auf uns,
bis wir uns öffnen für dich.
Wir warten auf dein Wort,
das uns empfänglich macht.

Stimme uns ein
auf deine Stimme,
deine Stille.

Wem muss ich danken für diesen neuen Tag?
Muss? – wenn du willst. Ja, ich will.
Danken wem? Dass ich erwacht bin.
Dass ich mich selbst noch erkenne.
Dass ich heut Nacht nicht verwandelt bin
in ein monströses Ungeziefer.

Dir will ich danken,
dessen Namen mir einfällt, immer wenn
ich das Licht hell und heller werden sehe.
Gott ist dein Name in allen Menschensprachen
und Licht dein Pseudonym.

Als ich klein war, dacht ich: Er sieht mich.
Noch hoffe ich, dass du mich siehst.

Danken will ich für die Liebe, die ich in mir spüre.
Ich will meine Liebe läutern.
Und für die Worte.
Ich will die Worte aller Menschensprachen schön
aussprechen.
Wahrheit sprechen will ich, doch kein Leid antun,
im gleichen Atemzug trösten und Tränen trocknen.

Ich will die Fragen stellen, die mich spät am Abend
wachhalten: Von wem das Licht, das Wasser ist,
dass Tausende in Finsternis leben, Millionen
fauliges Wasser trinken und sterben vor Durst –
von wem ist die Erde?

Sehe ich noch, was ich sehe, seit du mich gesehen
hast?
Ich sehe mehr unglückliche Menschen.

Ich möchte heute glücklich sein
mit den Menschen,
die du um mich herum geschaffen.
Ich möchte am Ende eines langen Lebens
glücklich sein.

Zu dir steh ich auf am Morgen,
rufe die Stunden, fleh um Licht,
krieche nach Wasser.

Nach dir dürste ich durch den Mittag,
Leib bin ich, um Seele fleh ich,
mit den Schatten fall ich.

Nach dir wälz ich mich in der Nacht –
schläfst du? Rühr mich an,
dass ich zur Ruhe komme

und zu dir aufstehe am Morgen.

Psalm 63, frei

Wisch fort die Spuren dieser Nacht,
mach hell mich wie den Morgenstern.

Lass mich hier sein,
du, der gesprochen hat: »Hier bin ich.«

Mach mich heiter,
sprich mich offen,
richte auf mein Herz.

Dass ich nicht taub werde und stumpf
vor Wut und Verzweiflung.

Dass mir nicht versiege
die Kraft zu lieben.

In deine Hände
leg ich mein Herz.
Unruhig ist mein Herz,
bis es ruht in dir.

Meinen Leib
leg ich nieder
in deine Nacht.

Bei dir ist die Quelle des Lebens.
In deinem Licht sehn wir das Licht.

Psalm 36,10

Bei dir, ich bin
allzeit bei dir.
Du hältst mich fest,
deine Hand
in meiner.

Alles wirst du
zum Guten wenden.
Du nimmst mich mit
in deinem Ratschluss.

Was ist der Himmel
für mich ohne dich,
was soll ich auf Erden,
wenn es dich nicht gibt?

Zerfällt auch mein Körper,
erlischt auch mein Herz,
du bleibst mein Fels,

mein Gott, die Zukunft,
die auf mich wartet.

Psalm 73

Dennoch
klammre ich
mich fest an dich,
ob du willst oder nicht,
auf Ungnade oder Gnade.
Rette mich, werde ich rufen
oder flehen: Hab mich lieb.

WAS IST BETEN?

1

Ist Gott unsagbar, unaussprechlich? Es gibt viel religiöse Geheimsprache und viel religiösen Jargon, der diesen Eindruck erweckt. Gott ist ein Mysterium – *wenn* es ihn gibt, dann jenseits aller Sprachen. Worte versagen, um seine Tiefe zu ergründen – man kann es nicht sagen, schweigen ist besser. Mystische Dichter aller Weltreligionen haben uns dies gelehrt. Das scheint mir ein herzensreines Empfinden und Denken zu sein: Wenn es Gott gibt, dann ist er größer als der Bereich unserer Sprache – und größer als unser Herz.

Und doch lässt sich viel über Gott sagen. Wer die Bibel zum Ausgangspunkt seines/ihres Redens über Gott nimmt, ist nicht um Worte verlegen. In den biblischen Erzählungen und Liedern ist Gott größer als Menschensprache und Menschenherz.

Aber wer er ist und nicht ist, wie er Gott ist und wo man ihm auf die Spur kommt, das wird in jenem Buch laut und offen ausgesprochen, und alle die gesellschaftlichen und politischen Folgen werden klipp und klar benannt. In Bildern und Gleichnissen – nicht in Definitionen. Definitionen schließen sich gegenseitig aus, Bilder und Gleichnisse umarmen sich. In der Bildersprache der Psalmen wird

Gott in einem Atemzug Licht *und* Fels genannt – er ist schwer und leicht und weit wie das Licht, er ist beständig und treu wie ein Fels. In der gleichen »poetischen« Weise sprechen die biblischen Erzählungen über Gott als Freund und Vater, über seine Hände und seinen Schoß und sein Angesicht.

2

Gott ist kein Höchstes Wesen auf einem Thron, kein Rächer, keine launenhafte Vorsehung, Gott ist ein Liebender, ein Geliebter. Wo in den Palästen der Könige, in den Tempeln der Völker, die über Israel herrschten, ward je von einem solchen Gott gesungen – wer hatte einen Gott als Geliebten? Israel hatte ihn. Und wer den Weg dieses Israel geht, den Weg der Weisung, der Tora, der hat einen Gott als einen Liebenden.

Die Bibel ist die Erzählung von einem Gott, der Freund ist. »Da aber redete Gott mit Mose von Angesicht zu Angesicht, wie ein Mensch mit einem anderen« (Exodus 33,11). Ein Gott, bei dem du mitten in der Nacht ans Fenster klopfen darfst, der Menschen aushält, der sie nicht wie Fliegen von sich schlägt.

Die Verfasser dieser Erzählung haben ein Verhältnis konzipiert, »geschaut«, in der der eine den anderen total und ohne Unterlass und Bedingung anrufen darf, und unter all diesen Anrufungen bricht der andere nicht zusammen. Ein übermenschliches Verhältnis? Ägyptische, babylonische, griechische und germanische Götter gestatten keinen solchen Umgang. Manche Menschen schon. In einem jüdischen, chassidischen Lied, aufgezeichnet von *Martin Buber* (1878–1965), wird der Raum dieses Verhältnisses ausgelotet:

Wo ich gehe – du!
Wo ich stehe – du!
Nur du, wieder du, immer du!
Du, du, du!
Ergeht's mir gut – du!
Wenn's weh mir tut – du!
Nur du, wieder du, immer du!
Du, du, du!
Himmel – du, Erde – du,
Oben – du, unten – du,
Wohin ich mich wende, an jedem Ende
Nur du, wieder du, immer du!
Du, du, du!

3

»Durch die Nacht zu jemandem hingehen« ist das
große Thema der westeuropäischen Mystik. In der
tiefsten Nacht deine eigene friedliche Wohnung
oder deinen hohen verschanzten Turm verlassen –
aus deinem eigenen tiefen Frieden oder aus deiner
Leere, aus dir selbst hinausgehen durch die Nacht
zu jemandem hin. Um jemanden zu finden, musst
du aufstehen, fort aus deinem Besitz und heraus aus
deiner Verschanzung. Weshalb? Weil es so ist. Was
ist so? Mensch sein, Mensch werden, Mensch bleiben ist so. Wenn du nicht zu jemandem gehen
willst, so wirst du kein Mensch. Zu jemandem, der
du selbst nicht bist, der nicht du ist, der nicht in dir
steckt, sondern dir »gegenüber« ist. Wenn du nicht
immer wieder gehst, von deiner Seite hinüber auf
jene andere Seite, wirst du nicht-Ich. »Ich« braucht
jemanden gegenüber, ein »Du« – du, der aus mir ich
macht.

In der biblischen Ursprungsgeschichte steht
geschrieben, es sei »nicht gut«, ein Mensch allein:
»Ich will ihm eine Hilfe machen, ihm gegenüber«
(Genesis 1,28). »Gegenüber« heißt: ein Gesicht, das
dich anschaut, Augen, die zurückschauen, ein Herz,
das pocht, Leidenschaft, die wechselseitig lodert. In

der Bibel wird derjenige, der das »Menschsein« so geordnet, so elementar strukturiert hat, selbst ein »Angesicht-gegenüber« genannt, der Andere, Du-Gott. Nicht der »ganz Andere« – er ist nicht einfach »ganz anders«, er gleicht den Menschen in ihrem gegenseitigen Bedürfnis. Die biblische Erzählung stellt Gott als jemanden dar, der mit seinen Augen sucht, einen, der herabsteigt, um in der Kühle des Paradieses mit den Menschen zu wandeln.

4

In Nachfolge der biblischen Geschichte ist eine mystische Tradition entstanden, in der über die Beziehung eines Menschen zu diesem Gott, dieses Gottes zu Menschen, in den gleichen Bildern gesprochen wird, in denen über eine Liebesbeziehung zwischen zwei Menschen gesprochen wird. Dass man in dieser Vereinigung zu zweit, der eine und die andere, und, wie fest auch umschlungen, sich doch einander gegenüber bleibt, darüber schreibt die mystische Dichterin *Hadewijch von Antwerpen* (13. Jahrhundert) in einer ihrer Visionen. In ihrer siebten Vision beschreibt Hadewijch die »Erfahrung«, dass Jesus auf sie zukommt, »gekleidet und wie er war an jenem Tag, als er uns zum ersten Mal seinen Leib gab, so sah er aus«. Sie »sieht« ihn also so, wie er in Darstellungen des letzten Abendmahls wiedergegeben wird. »Da gab er mir sich selbst in der Gestalt des Sakraments wie gewohnt. Dann kam er selbst zu mir und nahm mich in die Arme und drückte mich an sich, und alle meine Glieder empfanden die seinen völlig, so wie es mein Herz begehrte, mit seiner ganzen Menschlichkeit. So ward ich vollkommen befriedigt, und auch empfing ich für kurze Zeit die Kraft, dies zu tragen.«

»Alle meine Glieder empfanden die seinen völlig.« So werden auch Jakob und der Engel, der Fremde, in ihrem Kampf (Genesis 32,25–32) alle ihre Glieder völlig empfunden haben: Mensch an Mensch, der eine dem anderen gegenüber. In den mystischen Visionen, die aus dem Bibeltext entstanden sind, bleiben Mensch und Gott, Seele und Seelenfreund zwei, wie sehr sie auch für die Dauer eines Blitzes, nie länger, eins werden. Wie fest auch umschlungen, doch einander gegenüber. Die mystische Erfahrung ist nicht, dass du mit Gott verschmilzt oder dass deine Eigenheit verfließt. Es ist kein Übersteigen der eigenen Identität, keine Ent-Selbstung.

5

Aber ist Gott denn nicht, wie es in mystisch klingender Sprache auch wohl heißt, »mein eigenstes Wesen selbst«? Nein, sagt Hadewijch von Antwerpen, Gott ist nicht mein eigenstes Wesen selbst. Gott durchhaucht mich, Geist in mir, Licht in mir, Feuer in mir. Aber Gott wird nicht ich, und ich werde nie Er (wenn wir denn die männliche Personalform beibehalten, welche traditionell für Gott verwendet wird). Ich werde nie Er, so wie ich auch nie meine Geliebte, mein Freund, mein Nächster werde. Gott ist Gott, und ich bin ich, frei, um wem auch immer entgegenzugehen. Mein Ich wird nicht im Feuer unserer Begegnung verzehrt – wie jener Dornbusch lichterloh brannte, aber nicht verzehrt wurde (Exodus 3,2).

Hättest du lieber einen Gott, der dich verzehrt, mit dem du verschmelzen oder letztlich zusammenfallen kannst, mit dem du eins wirst, ohne zwei zu bleiben? Wie soll man sich das denken? Fändest du dann, in dich selbst herabsteigend, nach etlicher wortloser Konzentration, Gott als dein tiefstes eigenes Wesen selbst? Aber Gott bleibt, auch in der mystischen Erfahrung, der Andere, dir gegenüber.

Wenn du »Gott« als dein tiefstes Wesen betrachtetest, würdest du da nicht den anderen dasjenige, was du für dein tiefstes Wesen hältst, als Gott, als letzte Norm auferlegen? Wer wird dich dann noch zur Rechenschaft ziehen, wer wird dich noch ansehen? Ein Mensch? Ein Mensch-dir-gegenüber? Aber was wäre ein Mensch-dir-gegenüber im Vergleich zu einem Gott, der so tief in dir steckte?

6

Lerne fragen, flehen, drängen, ans Fenster klopfen. Lerne beten. Verlange. Sei nicht matt, gelassen, vage, sei heftig, bewegt, wachsam, anrührbar. Verlange leidenschaftlich nach der Wirkung des Heiligen Geistes: Dass der Name Gottes, der Befreiung und Liebe bedeutet, Wirklichkeit werde in Menschen.

> *Lerne still sein, lerne nichts tun, lerne warten.*
> *Das Geheimnis aller Starken war von jeher,*
> *dass sie langer Tragezeiten harrten.*

Verse der niederländischen Dichterin *Henriëtte Roland Holst* (1869–1952). Mit »nichts tun« meint sie: Zügle deinen »Tatendrang«, der oft von blindem Eifer, von unreifen besten Absichten und von Leistungssucht herrührt. Lerne, nicht einzugreifen, nichts zu erzwingen, nichts zu forcieren. Lerne, Menschen ihre Grobheit und Selbstsucht zu vergeben. Lerne zu warten, manchmal ist jemand plötzlich nicht selbstsüchtig, sondern weit und lieb. Und lebe so, dass jemand nachts an deiner Tür und deinem Fenster anzuklopfen wagt.

Beten heißt: langer Tragezeiten zu harren. Die Vision lange zu tragen und das Misslingen, die Schande, die Schuldenlast, die wiegt und wiegt, die Sünde, die mitgetragen, fortgetragen werden soll, weg-gelebt.

7

Derjenige, der in der biblischen Glaubensgeschichte »Gott« genannt wird, ist kein Eingreifer – es kostet einige Jahre deines Lebens, um dies einzusehen. Durch beharrliches Studieren und Erwägen der Schrift (»fasten und beten«) ist es möglich, zur Einsicht zu gelangen, dass der Gott von Mose und von Jesus ein anderer ist als der Gott der Philosophen, nicht das »Höchste Wesen«, das in der Volksfrömmigkeit heidnischer Herkunft als ein allmächtiger Lenker gefürchtet und gepriesen wird.

Die Bibel spricht über einen Befreier-Schöpfer-Gott, der diese Erde den Menschen und die Menschen einander gegeben hat. Der nicht eingreift, keine Katastrophen veranlasst oder verhindert und hier auf Erden Menschen nicht hilft, tröstet, begeistert und begnadet *ohne* Menschen.

Es gibt in den Menschen »etwas wie eine Stimme«, »jemanden wie eine Stimme«, die sagt: »Seid frei, befreit einander, töte nicht, lebe!« Wer diese Stimme in sich selbst hört und den Willen und gelegentlich sogar die Kraft spürt, so zu leben, der hört die Stimme jenes Befreier-Schöpfer-Gottes. Es ist Seine Stimme, die in dir spricht. Es ist Sein Wort, mit dem alles angefangen hat, das du in dir erkennst, es ist so tief in dir wie dein Lebensatem. Dieses Wort ist dir eingeschaffen, nenn sie dein Gewissen.

8

Und eben *jenes* Wort ist die Seele und der Lebensatem der biblischen Glaubensgeschichte, der Tora von Mose und Jesus. In jenem Buch spricht die Stimme, die auch in dein Gewissen spricht. Und was deine Augen dort lesen können, das spricht jene Stimme in dir, in deinem Herzen, dort, wo du witterst und wählst und *weißt,* was dein Verstand vielleicht noch nicht weiß. Sie stimmen überein, dein Herz und jenes Buch. Beten heißt: im Licht der Tora in dir selbst herabsteigen bis zu deinem Herzen, bis dort, wo du die Stimme deines Gewissens hörst.

Die Tora ist die Vision von Schöpfung und Befreiung: Diese Erde ein bewohnbarer Ort, eine Struktur der Gerechtigkeit, ein Klima der Liebe. Beten heißt: diese Vision vor Augen zu nehmen und dein Tun und Lassen und deine Triebfeder und Herzensverlangen an jener Vision zu prüfen.

9

Nicht »Selbstentfaltung«, sondern »Sorge um andere« ist der Kern der biblischen Lebensweisung, Selbstentfaltung durch Sorge um andere. Und nicht »Himmel«, sondern »Erde« ist das biblische Schlüsselwort. Und nicht »mein Recht der freien Meinungsäußerung«, sondern »die Rechte jedes Menschen auf Respekt und Erbarmen«.

Es fordert lebenslange »geistliche Übungen«, um an dieser Lehre festzuhalten. Dass alle Menschen

Menschen sind, dass es keine geringeren Menschen gibt, die weniger bräuchten als du: Schon dessen gewahr werden und es zu bleiben fordert »geistige Übung«. Dass du zu allen Menschen der Welt gehörst, von Gaza bis Uruzgan. Und dass du zu Einzelnen im Besonderen gehörst, konkret und täglich, und dass du lernen musst, gleichzeitig fern und nah zu leben. Dass du mit deiner ganzen Leidenschaft für Gerechtigkeit vielleicht doch nur wenige Menschenleben retten kannst. Dass du in vielen Lebensbereichen nicht das vermagst, was du möchtest, weil du nur dieser Mensch bist, mit diesem einen Leben – dies akzeptieren zu lernen, ohne Bitterkeit, und dann glücklich zu sein, das fordert Übungen-im-Heiligen-Geiste, geistliche Übungen.

Wachen und beten: deine Kräfte sammeln, dein Herz und deinen Verstand reorganisieren, deine Augen immer wieder neu einstellen auf das Einzige, das nottut, das als Allererstes gesucht werden soll, »das Königreich Gottes und seine Gerechtigkeit« (Matthäus 6,33).

»Komm, heiliger Geist der Einsicht und Tatkraft, des Unglaubens an das Schicksal! Komm, Geist des Widerstands, dass wir uns nie vor den Tatsachen beugen werden, wenn wir sie auch nicht ändern können, noch nicht.«

10

Menschen tun Merkwürdiges, um jenes Gebet in sich lebendig zu erhalten. Hungerstreik, vierzig Tage fasten. Aber auch Kerzen entzünden, als Zeichen, dass sie auf das Licht hoffen, auch auf ihr eigenes inneres Licht. Ihre Arme zum Himmel ausstrecken, weil sie nach der Vision trachten, oder sich flach auf die Erde legen, wie um diese geschundene Erde mit dem eigenen Leib zu schützen. Oder sie knien die Treppen einer Kathedrale hoch, weil sie die Geringsten im Königreich sein möchten, wenn es nur kommt. Liebe, die bis zum Äußersten geht.

Beten heißt also nicht, um dieses und jenes zu bitten? Wozu auch, wenn Gott ja nicht eingreift? Nein, er greift nicht ein; aber er wirkt auf dich ein, wenn du dich auf seinen Heiligen Geist ausrichtest, deine Sinne auf seine Tora lenkst – seine Worte werden dich erneuern.

Und was das Bitten um dieses und jenes anbetrifft: Beten, dass du die Fahrprüfung bestehst oder dergleichen, das ist schon verwöhnte Quengelei. Aber bitten um die Genesung eines todkranken Kindes? Er greift nicht ein. Aber er wirkt auf uns ein – vielleicht läutert und erleuchtet ein solcher

Gebet uns, um ohne Hass und Groll mit dem so nahen Tod leben zu können.

Beten wird also nicht erhört? Wer um Heiligen Geist betet, der empfängt Heiligen Geist. Das Lebenslicht nicht hassen, nicht aus Rache das Glück anderer zerstören, nicht töten, das ist Heiliger Geist.

11

Er hört, sieht, weiß, so die biblische Glaubensgeschichte. »Möchte es doch so sein, dass du hörst« – »Vater, wenn es dein Wille ist …« – die Wendungen der Hoffnung. Du weißt, dass Genesung nicht mehr möglich ist, aber bei Gott ist nichts unmöglich. Das ist der Zwiespalt, der Abgrund der Psalmen, aus diesen Tiefen wird gerufen.

Dieses Rufen ist unableitbar, es ist da, dürftiges Rufen, es ist wie eine Naturgewalt. Wer es nicht für sinnlos oder sogar psychotisch hält, wird das nicht einklagen können, leugnen immerhin lässt es sich nicht. In den Psalmen ertönt das Echo jenes Rufens. Was wird aus den Tiefen gerufen? Schreie, verworrene Rede, darin ein Wort, eine unbeweisbare Anrufung: *du*.

ZU AUTOR UND HERAUSGEBER

Huub Oosterhuis, geboren am 1. November 1933, veröffentlichte als Dichter seit den 1950er-Jahren Dutzende von Gedichtbänden. Seit 1960 schrieb er – ab 1964 als Jesuitenpater und ab 1965 Studentenpfarrer – Texte und Lieder für die Liturgie der *Amsterdamse Studentenekklesia* (heute: *Ekklesia Amsterdam),* die dadurch zu einem Nährboden für die liturgische Erneuerung wurde. Huub Oosterhuis heiratete und wurde 1970 aus dem Jesuitenorden entlassen. Seine Gemeinde, die ihn nicht gehen lassen wollte, existiert seitdem außerhalb der Verantwortung der zuständigen Bischöfe. Sein Werk hat sich dennoch in den Niederlanden und Flandern weit verbreitet. In seinen Texten spielt die Bibel, als »Große Erzählung« über Gut und Böse im persönlichen und politischen Leben, eine zentrale Rolle. Viele seiner Texte und Lieder wurden ins Deutsche übersetzt und publiziert. 2002 empfing Huub Oosterhuis für sein Gesamtwerk die Ehrendoktorwürde der Freien Universität von Amsterdam, 2014 erhielt er in Bonn den renommierten »Predigtpreis«. Huub Oosterhuis ist immer auch gesellschaftspolitisch aktiv gewesen und gründete in Amsterdam drei der bekanntesten Kulturzentren. Er starb am Ostersonntag, 9. April 2023.

Im Internet: www.huub-oosterhuis.de

Cornelis (Kees) Kok, geboren 1948, gründete nach seinem Theologiestudium in Amsterdam zusammen mit Huub Oosterhuis die »Stiftung Lehrhaus und Liturgie« mit dem Ziel, das Studium der biblischen Glaubensüberlieferung als Quelle der Liturgie und eine davon geprägte Liturgie-Erneuerung zu fördern und die wachsende Zahl der Lieder von Oosterhuis herauszugeben und zu verbreiten. Zu diesem Zweck produzierte er etwa fünfzig CDs, organisierte hunderte »Liedtage« in den Niederlanden und den deutschsprachigen Ländern und arbeitete zusammen mit anderen Übersetzern an deutschsprachigen Ausgaben von Oosterhuis' Liedern und Texten. Neben zahlreichen Zeitschriften-Artikeln verfasste er Bücher über »Die Kunst der Liturgie«, über die Poesie jüdischer Autorinnen und Autoren, die er ins Niederländische übersetzte, und über den unbekannten, doch einflussreichenreichen deutschen Theologen Franz Overbeck (1837–1905). Seit 2021 ist er Vorsitzender der »Stichting Huub Oosterhuis Fonds«, einer Stiftung zur Pflege und Förderung des Werks von Huub Oosterhuis.

Im Internet: www.ekklesia-amsterdam.nl

ZU DIESER AUSGABE

Die Gebete in diesem Band (Seite 7–71) wurden aus
dem Niederländischen ins Deutsche übertragen von:
Birgitta Kasper-Heuermann: *Seite 20, 31, 34, 72*
Hanns Kessler: *Seite 14, 24, 41, 52*
Annette Rothenberg-Joerges: *Seite 25, 32, 33, 37, 42
49, 59, 66*
Alex Stock: *Seite 28, 64*
Cornelis Kok: alle anderen

Der Text »Was ist beten?« (Seite 73–88) wurde aus
dem Niederländischen ins Deutsche übertragen von
Frank Bestebreurtje und enthält Auszüge aus dem
Band »Alles für alle« von Huub Oosterhuis (Patmos
Verlag, Verlagsgruppe Patmos Ostfildern 2018,
© der Originalausgabe: Uitgeverij KOK, Utrecht),
die vom Autor für diesen Band überarbeitet wurden.

Der Text von *Martin Buber* auf Seite 77 ist zitiert
nach: Martin Buber, Die Erzählungen der Chassidim
© 1949, Manesse Verlag Zürich, in der Verlagsgruppe
Random House GmbH.

Neue Gedichte von Huub Oosterhuis

Huub Oosterhuis
Wartezeiten
Neue Gedichte über Gott
und die Welt

Herausgegeben und übersetzt
von Cornelis Kok

88 Seiten, Hardcover
ISBN 978-3-8436-1163-3

Die hier versammelten Gedichte von Huub Oosterhuis sind viel-
leicht seine bislang persönlichsten Texte. Worauf warten wir?
Worauf wartet Gott? Hier geht es nicht um den allmächtigen
Gott eines abgelegten Kinderglaubens, sondern um den fremden
Gott der Bibel, dessen Name lautet: »Ich werde dasein«.

PATMOS   www.verlagsgruppe-patmos.de

Verlässliche Hoffnung

Huub Oosterhuis
Geworfen in die Weite
Meine Hoffnung

Herausgegeben und aus dem
Niederländischen übersetzt
von Cornelis Kok

112 Seiten
Hardcover mit Leseband
ISBN 978-3-8436-1436-8

Erstmals auf Deutsch: Huub Oosterhuis erklärt, was biblische Spiritualität ist, und erzählt, wie er in seinem Leben zu ihr gefunden hat. Er entdeckt mit Hilfe der jüdischen Tradition die Bibel als die große Geschichte der Befreiung, die »älteste Spiritualität« unserer Zivilisation und Wegweiser in die Zukunft: »Dass man lernt, die Welt mit den Augen derer zu sehen, für die die Welt unsicher und bedrohlich ist«. Ein Plädoyer für neue Orte, wo diese Geschichte »gelesen, gesungen, befragt, bezweifelt und wieder gesungen wird, als ob das Leben davon abhängt. Und das tut es auch«.

PATMOS

www.verlagsgruppe-patmos.de